AF185962

# Nur ein Schatten passt genau zum Papagei.
## Finde ihn und kreise ihn ein.

Lösung: B

# Welches Tier hat welche Spuren hinterlassen?
## Ziehe Linien.

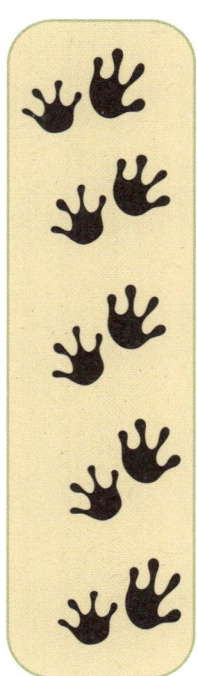

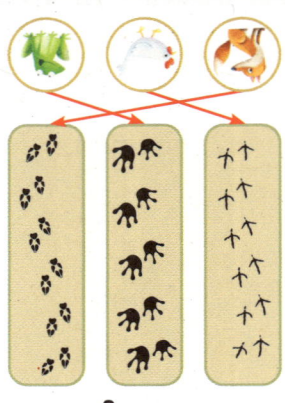

Lösung:

## Verbinde die passenden Vorderteile und Hinterteile der Tiere mit Linien.

A
●

B
●

C
●

D
●

1
●

2
●

3
●

4
●

Lösung: A = 3, B = 4, C = 2, D = 1

Welches Bild gehört in welches Feld?
Jedes Bild soll in jeder Zeile und in jeder Spalte
nur einmal vorkommen. Ziehe Linien!

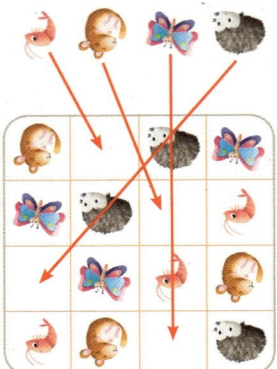

Lösung:

# Welche Bildausschnitte gehören wohin?
## Ziehe Linien.

1  2  3  4  5

Lösung: A = 2, B = 3, C = 4, D = 5, E = 1

## Welcher Weg führt zu den Blumen?
### Fahre die Linien mit einem Stift nach.

Lösung: Weg 2

# Welche Paare gehören zusammen?
## Ziehe Linien.

Lösung: A = 3, B = 4, C = 1, D = 2

In das untere Bild haben sich 5 Fehler eingeschlichen.
Kannst du sie finden? Umkreise sie.

Lösung:

Die Küken möchten zum Hühnerstall.
Hilfst du ihnen, den Weg nach Hause zu finden?

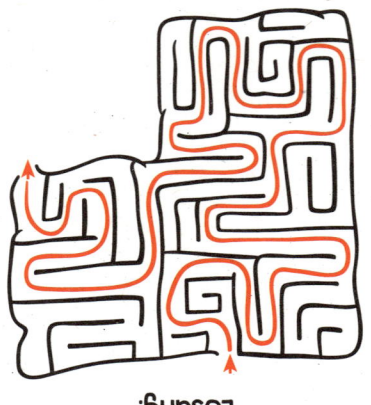

Lösung:

Da ist etwas durcheinander geraten. Zähle die Tiere und Blumen und verbinde sie mit der richtigen Zahl.

Lösung:

Nur zwei Bären sehen genau gleich aus.
Welche beiden sind das? Kreuze die Nummern an.

Lösung: 4 und 6

# Welcher Schatten passt zu welchem Tier?
## Ziehe Linien.

Lösung: A = 2, B = 3, C = 1

Hier ist ein Bild durcheinander geraten.
Ordne die Bildstreifen von 2 bis 4 in der
richtigen Reihenfolge.

Lösung:

2 4 1 3

# Welcher Bildausschnitt gehört ins Puzzle?
## Umkreise den richtigen Buchstaben.

A

B

C

Lösung: A

Sieh dir die Bilder genau an. Fast alle haben
etwas gemeinsam. Nur ein Bild passt nicht dazu.
Umkreise es.

## Lösung:

Zähle die Schmetterlinge, die du auf dem Bild siehst.
Schreibe die richtige Anzahl in das Kästchen.

Lösung: 7

# Umkreise alle Pinguine, die nach links laufen, rot.

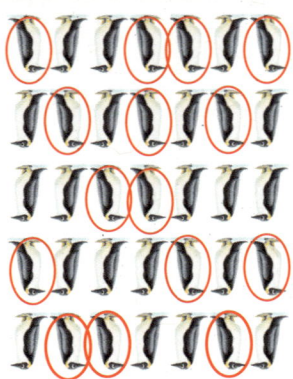

Lösung:

# Welches Tier hat welche Spuren hinterlassen?
## Ziehe Linien.

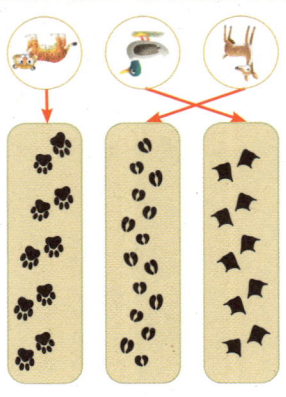

Lösung:

# Im rechten Kasten hat sich ein Tier mehr versteckt. Umkreise es.

# Welches Bild gehört in welches Feld?
Jedes Bild soll in jeder Zeile und in jeder Spalte
nur einmal vorkommen. Ziehe Linien!

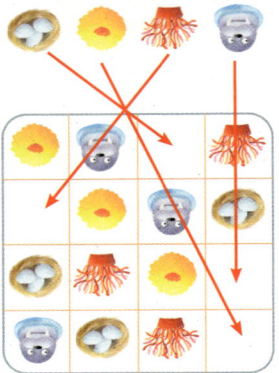

Lösung:

Zähle die Tiere, die du auf dem Bild siehst.
Schreibe die richtige Anzahl in das Kästchen.

| 4 | 7 | 6 | 5 |

Lösung:

Auf welchem Weg kommt der Eisbär
am schnellsten zu seinem Kind? Zeichne mit einem
Stift den richtigen Weg nach.

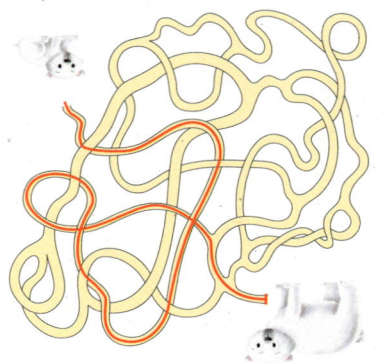

Lösung:

In das untere Bild haben sich 5 Fehler eingeschlichen.
Kannst du sie finden? Umkreise sie.

Lösung:

# Der Schwan möchte zu seinem Küken.
## Hilfst du ihm, den Weg zu finden?

Lösung:

Alle Löwen sind gleich. Nur einer sieht anders aus.
Welcher ist es? Umkreise ihn.

## Lösung:

Hier ist ein Bild durcheinander geraten.
Ordne die Bildstreifen von 2 bis 4 in der
richtigen Reihenfolge.

Lösung:

# Welcher Bildausschnitt gehört wohin?
## Ziehe Linien zu den leeren Feldern im Puzzle.

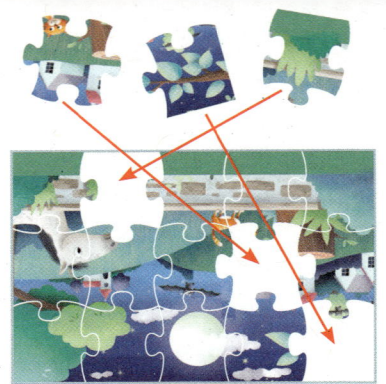

Lösung:

Sieh dir die Bilder genau an. Fast alle haben
etwas gemeinsam. Nur ein Bild passt nicht dazu.
Umkreise es.

Lösung:

# Welche Bilder sind genau gleich?
## Verbinde sie mit einer Linie.

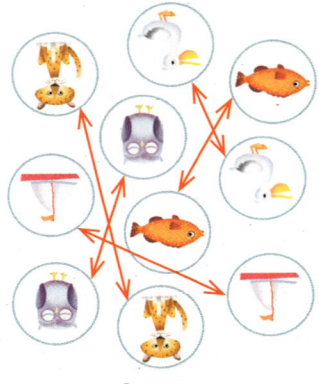

Lösung:

Hier ist ein Bild durcheinander geraten.
Ordne die Bildstreifen von 2 bis 4 in der
richtigen Reihenfolge.

2

4

1

3

Lösung:

## Die Maus will ins Haus.
### Hilfst du ihr, den Weg zu finden?

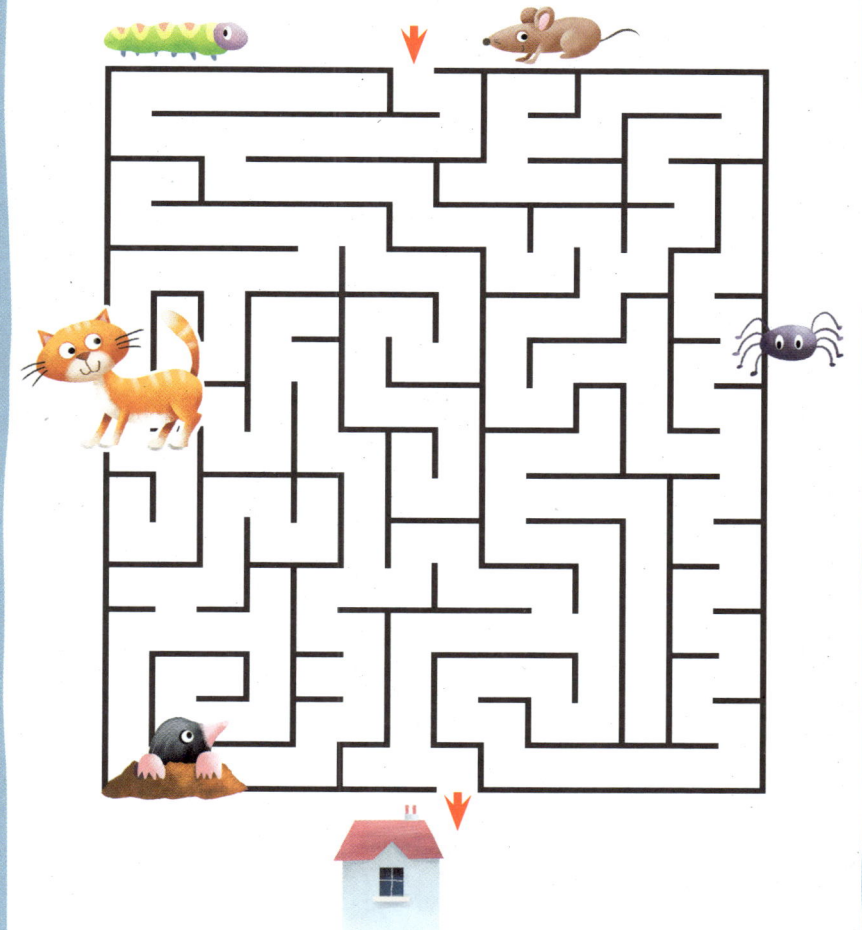

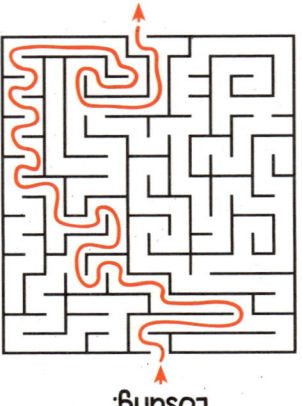

Lösung:

# Zu welchem Tier gehört der Schatten?
## Kreise das richtige Tier ein.

Lösung: C

# ... NOCH MEHR BÜCHER AUF 100% RECYCLINGPAPIER

ISBN 978-3-98764-079-7

ISBN 978-3-98764-045-2

ISBN 978-3-98764-025-4

ISBN 978-3-98764-027-8

Weitere Bücher findest du unter:
## www.pen2nature.de

penZnature ist eine eingetragene Marke der
VEMAG Verlags- und Medien AG

© Good Life Books & Media GmbH
Emil-Hoffmann-Straße 1, D-50996 Köln

Illustrationen: Hannah Wood
Restliche Abbildungen Innenteil: © Evgeniy Bobrov
(Tierspuren S. 5, 53), © Igor Zakowski (Labyrinth S. 27, 71, 91),
© hibousunart (Labyrinth S. 65)
Umschlagmotive: stock.adobe.com: © warmworld (Icons),
© natrot (Papier-Hintergrund), © Guz Anna (Maus), restliche
Abbildungen aus dem Innenteil

Gesamtherstellung: Good Life Books & Media GmbH
Designed in Deutschland. Gedruckt in der EU.
**www.penZnature.de**